AF399787

Porn for the Blind

Porn for the Blind

Victorien Robert

QUATRIÈME MUR

3, rue de Marivaux
75002 Paris

ISBN : 978-2-487668-03-4

CRÉATION

La pièce a été créée le 7 juillet 2023
au théâtre des Béliers d'Avignon
dans une mise en scène de l'auteur

Avec

Lison Pennec

Xavier Martel

Victorien Robert

Lumières : Stéphane Balny

Musique : Axel Hache et Stéphane Lamour

Chargée de production : Fanny Laurent

Compagnie À Vau L'Eau

EVA

EVA — Comment j'en suis arrivée là ?

C'est une longue histoire qui finit très loin de son début. Une histoire qui a bien plus d'imagination que celle qui vous la raconte.

D'abord, pour bien comprendre, il faut imaginer ce que ça peut être, une vie où vous ne trouvez pas goût à grand-chose. Où vous enchaînez les boulots en espérant que l'un d'eux vous plaise. Où vous multipliez les rencontres trop fades, souvent décevantes. Une vie où vous n'attendez que ça : qu'il se passe enfin quelque chose.

Et puis tout à coup.

Je l'ai aperçu pendant un de ces grands rassemblements comme il y en a de plus en plus souvent en ville. Vous prenez un hangar désaffecté, un terrain vague, un ancien dépôt d'autobus, n'importe quelle friche industrielle, vous lui donnez un nom un peu tendance, *Nouveau départ*, un nom un peu anglais, *Small Brooklyn*, ou un nom très simple, comme *Le Lieu*, et puis vous remplissez tout cela de *food trucks*, de marchés bios, d'anciens banquiers reconvertis en brasseurs de bières artisanales, quelques gourous zen, une crèche participative fondée sur l'éducation bienveillante, et au bout de deux semaines, c'est rempli de couples encombrés d'enfants qui veulent encore un peu s'encanailler. Bref, ça grouille de partout, tout est hors de prix, mais on a l'impression de profiter des dernières libertés urbaines, d'un endroit où tout est encore possible, mais qui demain fermera ses portes pour laisser la place à un hôtel de luxe ou à des immeubles neufs à 14 000 du mètre.

Mon prince.

C'est là que je l'ai rencontré. Il avait ce petit je-ne-sais-quoi qui ne cadrait pas vraiment avec le reste. Il était immobile au milieu de la foule, comme au-dessus de la mêlée, avec un sourire en coin, un petit sourire inamovible, mystérieux.

Ce n'est pas facile de rencontrer quelqu'un aujourd'hui, vous savez ? Je veux dire vraiment *rencontrer*. Est-ce que voir quelqu'un pour la première fois, on peut appeler ça *rencontrer quelqu'un* ? Je n'en suis pas si sûre. Mais lui, il se passait quelque chose. Ça m'a attrapée au bas des reins, puis dans tout le dos. Je me suis redressée. À l'affût. Complètement attentive à lui.

Et puis un autre type l'a pris par le bras, doucement, il s'est laissé faire et ils se sont déplacés tous les deux vers la sortie.

Subitement, plus rien ne comptait que cet homme. Je les ai suivis, à quelques mètres d'abord, puis de plus en plus près, jusqu'à sentir son odeur, la chaleur de son corps. Juste assez pour en avoir le cœur net. Il y a eu comme une bousculade, des gens derrière m'ont poussée, et j'ai atterri tout contre lui.

Il s'est retourné. J'ai dit « pardon ». Il a souri et passé la main sur mon visage, et le contact de sa peau contre la mienne m'a inondée d'une chaleur nouvelle. Intense. Ses doigts exploraient le relief de mon visage, en découvraient chaque centimètre carré. Oui, là, vu comme ça, on peut parler de rencontre.

Il m'a souri.

Mais il ne m'a pas vue.

Je ne dis pas que je suis transparente. Non, je dis simplement qu'il ne m'a pas vue. Et je ne dis pas qu'il n'était pas concentré, parce que moi je le fixais tant qu'il n'aurait jamais pu me rater. Un éléphant dans un couloir.

Ses yeux. Ses yeux étaient mi-clos, éclairés d'une lueur étrange, bercés de la beauté de l'inutile.

Ses yeux ne servaient à rien. Je ne sais pas s'ils avaient déjà servi, mais ma belle rencontre de ce dimanche de foule, ma piqûre au creux des reins, mon prince au sourire de marbre était bel et bien aveugle.

Aveugle.

Puis il a repris son chemin et je les ai regardés s'éteindre dans la ville, sans bouger, sidérée, avec sur ma joue le contact encore brûlant de ses doigts.

J'étais amoureuse d'un type dont je ne savais rien. À part, peut-être, qu'il vivait dans la même ville que moi. À part, sûrement, qu'il était aveugle.

Mon prince.

Et j'étais bien décidée à le retrouver.

CÉCIFOOT

Eva — Selon les derniers chiffres, 1,7 million de personnes sont atteintes de troubles de la vision en France. On dénombre 932 000 malvoyants moyens. Ils ne peuvent distinguer un visage à 4 mètres. On compte aussi 207 000 aveugles et malvoyants profonds, c'est-à-dire n'ayant pas de perception de la lumière.

Tu ne m'aurais pas caressé le visage comme on lit un bouquin si tu avais pu me voir avec tes propres yeux. Je dirais donc que tu es un des 207 000. *(Elle lit mieux :)* On considère qu'il y a 61 000 aveugles complets — 61 000 ! Je suis déjà passée de 1,7 million à 61 000.

Si on part du principe qu'il est parisien — parce que clairement, s'il vient d'ailleurs, ou même s'il n'est pas français, je suis foutue —, ça doit nous ramener à quelques milliers de personnes, peut-être 15 000 ?

(Elle fait des recherches sur Internet.)

« Où trouver un aveugle à Paris » ? Non, c'est bizarre. « Rencontrer des aveugles à Paris », « Être aveugle à Paris ». Trop vague. « Activité aveugles Paris », « Sport aveugles Paris », « Cécifoot » ?

Apparaît un homme.

Joueur de cécifoot — Madame, comprenez bien, vous me demandez quelque chose d'impossible.

Eva — Oui, oui, autant chercher une aiguille dans une botte de foin, c'est ça ? C'est ce que je me suis dit aussi.

Joueur de cécifoot — Mais là on ne parle même pas de botte de foin.

Eva — Comment ça ?

Joueur de cécifoot — Enfin, je suis aveugle, vous le voyez bien ! Vous me parlez d'un type dont vous pouvez seulement décrire le visage et… il était comment, déjà ?

Eva — Un brun. Taille moyenne. Un peu de barbe. Un sourire étrange, vous voyez ?

Joueur de cécifoot — Non, je ne vois pas.

Eva — C'est vrai, pardon.

Joueur de cécifoot — Enfin, que je sois aveugle ou non, ça ne change rien ; il est commun, votre type, c'est tout.

Eva — Ce n'est pas l'idée que j'en ai eu.

Mais on est bien d'accord qu'on est dans un club de foot, là, non ? Je veux dire, il faut bien que vous couriez après le ballon, que vous puissiez taper dedans, vérifier, même, qu'il y a bien eu but. Comment vous faites si un type envoie malencontreusement le ballon de l'autre côté de la barrière ?

Vous arrêtez la partie ? Et puis comment vous faites, d'ailleurs, pour savoir où est le ballon ?

Joueur de cécifoot — D'abord, ce n'est pas vraiment du foot. C'est du cécifoot.

Eva — Je vois… Je veux dire, d'accord.

Joueur de cécifoot — Mais attention, il y a des gestes techniques : des passements de jambes, des frappes de mule. Et pour répondre à votre question, c'est très simple : les grelots.

Eva — Les grelots ?

Joueur de cécifoot — On met des grelots dans la balle. Comme ça on l'entend passer.

Eva — Ah ! d'accord, mais si le ballon s'arrête ?

Joueur de cécifoot — Ah ! ben là on n'est pas dans la merde ! Mais c'est un sport de mouvement, ça ne s'arrête jamais.

Eva — Et pour les buts ? Comment vous faites ? Vous faites un signe de croix et vous tirez au hasard ?

Joueur de cécifoot — Non. Il y a un type derrière chaque but qui nous guide avec sa voix. Nous, les aveugles, on voit beaucoup avec nos oreilles, vous comprenez ?

Eva — Très bien, oui.

Joueur de cécifoot — Ça me fait penser, il y en a un dans chaque équipe qui pourra vous aider : c'est le goal. Lui, il voit

très bien. C'est d'ailleurs ça qui rend ce sport difficile. Éric !
Éric ! Il y a une dame qui a des questions à te poser.

Même comédien. Autre personnage. Et ainsi de suite.

GARDIEN DE CÉCIFOOT — Oui ? C'est à quel sujet ?

EVA — Ça vous dit quelque chose, parmi vos joueurs, un homme brun, la trentaine, taille moyenne ?

GARDIEN DE CÉCIFOOT — Ça me dit 20 millions de personnes environ.

EVA — Avec un sourire mystérieux.

GARDIEN DE CÉCIFOOT — Non, pas plus. Vous pouvez toujours essayer à la pétanque pour aveugles.

EVA — Ça existe ?

GARDIEN DE CÉCIFOOT — Mais tout existe, madame.

Elle se retourne. Elle est avec un joueur de pétanque pour aveugles.

JOUEUR DE PÉTANQUE — Hé, bonjour.

EVA — Ça vous dit quelque chose, parmi vos joueurs, un homme brun, la trentaine, taille moyenne, avec un sourire mystérieux ?

JOUEUR DE PÉTANQUE — Ah non, rien du tout, c'est plutôt troisième âge ici, *cong*.

Eva — Ah! dommage…

Joueur de pétanque — Mais allez voir au blind bowling.

Eva — Le blind bowling. D'accord.

Elle se retourne. Elle est nez à nez avec un joueur de blind bowling.

Joueur de blind bowling — Oh! hello!

Eva — Vous avez vu un homme brun, la trentaine, taille moyenne, avec un sourire mystérieux?

Joueur de blind bowling — Non, ça me dit rien, mais sinon vous pouvez aller voir…

À partir de là, Eva enchaîne les rencontres. Les choses deviennent de plus en plus décousues.

Responsable de l'association — Ici c'est l'association de course en duo pour non-voyants accompagnés.

Eva — Je cherche…

Joueur de Scrabble — Bienvenue à la fédération de Scrabble en braille.

Eva — … un garçon pas mal…

Joueur de blind tennis — Le blind tennis, c'est pas ici.

Eva — … brun, taille moyenne, le sourire en coin…

Joueur de torball — Nous, c'est le torball, notre truc.

Eva — Vous ne l'avez pas vu ?

DJ — Vous êtes sûre que vous êtes au bon endroit ?

Eva — Je ne sais pas. Je ne sais plus très bien où nous en sommes, à vrai dire.

DJ — Présentement, vous êtes avec 300 sourds dans une boîte de nuit. Et, ce qui leur parle vraiment, c'est la musique à fortes pulsations, techno, tout ce qui est fort en BPM.

Eva — BPM ?

DJ — Battements par minute.

Une musique techno intense et une atmosphère de discothèque inondent le plateau. Eva s'en échappe difficilement, elle est complètement désorientée et désemparée.

DÉNOMINATEUR COMMUN

Eᴠᴀ — Le monde est trop grand
Trop grand
Pour nous deux
Je ne peux pas m'obstiner de cette façon
Si je continue je vais m'user
Jusqu'à la corde
Avant d'avoir vu le bout
De sa rétine.
Il faut que je provoque
Le sort.
Voilà ce qu'il faudrait :
Un coup
Du sort.
Il faut que je trouve
Un dénominateur
Commun
En fait
Un aveugle sera toujours un homme
Même aveugle
J'ai commencé par le mauvais endroit

Voilà

Ça y est

Le dénominateur

Le moteur

Celui qui souvent

Prend la place du cerveau

Notre Œdipe, notre désir, l'expression de notre puissance.

C'est...

Changement soudain de lumière, enchaînement direct avec la scène suivante.

ENTRETIEN D'EMBAUCHE

BERNARD — Bonjour, mademoiselle.

EVA — Bonjour.

BERNARD — Nous avons reçu votre candidature et j'ai voulu vous voir assez vite.

EVA — Pourquoi ? Mon dossier était intéressant ?

BERNARD — Oui. En quelque sorte. Vous êtes une femme.

EVA — Et c'est important ? Que je sois une femme ?

BERNARD — Vous n'avez pas idée des profils qui nous répondent d'habitude.

EVA — Ah oui ?

BERNARD — Ah oui. Ah oui oui oui oui oui. Faut dire que le milieu attire de tout, hein, du fils de bonne famille comme du prolo. Je connais pas plus démocratique. Mais globalement, des candidatures d'hommes. Beaucoup d'hommes.

EVA — Des aveugles ?

Bernard — Non, enfin, pour un aveugle ce serait… Vous êtes sûre que vous avez bien lu l'intitulé du poste à pourvoir ?

Eva — Oui, oui, non, pardon, c'est parce que… ça m'intéresse parce que je… je réalise actuellement un mémoire sur le sujet dans le cadre de mes études, et ça pourrait m'apporter beaucoup.

Bernard — Ah ! très bien ! Enfin, ce que vous en faites, ça vous regarde. Et vous avez déjà fait ce genre de chose ?

Eva — J'ai enregistré un livre pour enfants, une fois.

Bernard — C'est déjà ça.

Eva — *Le Roi des bisous.*

Silence.

Bernard — Oui…

Eva, *se souvenant subitement* — Mariage ! J'ai animé tout le mariage d'une copine aussi, vous savez, les discours, la présentation de la pièce montée, le programme des festivités.

Bernard — C'est pas mal, ça, c'est du live, ça peut nous intéresser. Pour ce job, il faut faire un peu comme ces types qui commentent le foot à la radio.

Eva — C'est-à-dire ?

Bernard — Ils passent leur temps à planter le décor. Il faut que l'auditeur, dans sa voiture ou sur son canapé, ait l'impression d'y être. Ils décrivent l'excitation des supporters dans les tribunes, l'état de la pelouse, le gonflage du ballon… vous devez être leurs yeux.

Eva — Oui, oui, je crois que je comprends.

Bernard — Essayons. Regardez cet écran.

Eva — Ah ! d'accord, d'accord… Là tout de suite comme ça ?

Bernard — Oui, vous voulez quoi ? Qu'on vous mette en condition ?

Eva — C'est-à-dire qu'il est 9 heures du matin.

Bernard — Vous verrez, mademoiselle : pour notre public, il n'y a pas d'heure pour le plaisir.

Un film est projeté devant Eva. On ne le voit pas. On ne verra d'ailleurs jamais rien de ces films au cours du spectacle.

Eva — D'accord, d'accord, alors allons-y. Alors on est dans une maison avec une grande piscine. Dehors, il y a un homme qui répare quelque chose, il a des outils avec lui, mais on est repassés à l'intérieur, et là il y a une femme, on dirait bien qu'elle s'ennuie, oui, elle s'ennuie très fort, elle souffle plusieurs fois, ça je crois qu'on a bien compris l'idée qu'elle s'ennuyait. Elle regarde par la fenêtre, elle a comme une idée, elle se mord la lèvre. Ah ! OK OK d'accord visiblement il y a eu une ellipse, elle est à genoux devant l'homme et elle suce son sexe dites donc c'est drôlement gros quand même la vache il appuie sur sa tête avec ses deux mains on dirait que mais déjà on est repassé au bord de la piscine il la pénètre tout ça va très vite elle est allongée sur le dos.

EVA — Bien décrire le décor. Très bien. Il fait un grand soleil on doit être au plus fort de l'été et il y a un petit clapotis sur l'eau de la piscine la scène est apaisante au loin on aperçoit ce qui pourrait ressembler à une forêt non ce n'est pas une forêt on est repassé en gros plan il a mis son sexe dans l'anus de la femme elle dit qu'elle aime ça mais si vous voulez mon avis elle doit quand même souffrir un peu.

BERNARD — Ne donnez pas votre avis.

EVA — Tout à fait. Elle est très heureuse d'avoir ce sexe dans ses fesses et ah c'est allé très vite ça y est il a fini il éjacule dans sa bouche elle a l'air d'adorer ça on dirait qu'elle boit un Château Lafitte 1977 ou un verre de lait millésimé plutôt. Elle regarde la caméra, elle est mutine, elle est heureuse. La caméra panote vers la gauche et on ne sait pas pourquoi vers une plante verte un peu moche posée sur une table près de la fenêtre, peut-être une vision infantile du ventre de la mère et de la petite graine déposée par le père, on ne saura jamais, fondu au noir.

BERNARD — Pas mal, pas mal. Le Château Lafitte c'était osé mais c'est pas mal du tout, tout ça. La voix est intéressante, vous avez un art du détail, pour une première fois c'est même très bon.

Eva — Oui, je me suis un peu laissée emporter par l'inspiration.

Bernard — Je dois vous prévenir : nous sommes une petite entreprise. Porn for the Blind, c'est un marché de niche, ça ne paie pas beaucoup et, pour être honnête, il n'y a pas un mois où je ne pense pas mettre la clé sous la porte. Enfin, tout cela peut paraître incertain, c'est bien que vous le sachiez avant, mais c'est aussi une belle aventure humaine, une expérience d'une grande richesse, vous verrez, vous serez surprise. Si vous voulez vous lancer, on paie à l'heure de vidéo.

Eva — Entendu, je vais réfléchir.

Bernard — D'accord, mais ce serait bien que vous reveniez. J'ai trouvé ça très encourageant, vraiment.

Eva — Merci. Je vous tiens au courant.

PROMO 1

Comme une mauvaise pub amateur. Musique rythmée, bruits de jouissance. Rapide et perturbante, comme un spam qui se serait glissé sur votre écran.

PUBLICITÉ — Aveugles, malvoyants, vous avez le sentiment que votre handicap vous prive des plaisirs les plus fondamentaux ? Vous ne voulez pas qu'on écrive toute votre vie en braille ?

Alors Porn for the Blind est fait pour vous !

Profitez de la qualité de description de milliers de scènes en tout genre décrites dans leurs détails les plus intimes.

Solo, orgie, threesome, BDSM ou même simple missionnaire, toutes les pratiques sont sur Porn for the Blind !

Porn for the Blind, c'est un catalogue qui s'élargit toutes les heures. N'en perdez pas une goutte !

LES CAUCHEMARS DE BERNARD 1

Bernard est seul, plongé dans un clair-obscur. Autour de lui, des voix l'appellent.

Une voix — Bernard !

Une voix — Bernard !

Bernard — Sylvie ?

Une voix — Bernard !

Bernard — Sylvie ?

Une voix — Baise-moi, Bernard !

Une voix — Baise-moi, Bernard !

Bernard — C'est ce que tu veux vraiment, Sylvie ? Tu veux que je te baise ?

Une voix — Oui, baise-moi, Bernard.

Une voix — Oh oui, baise-moi, Bernard !

Une voix — Oh ! Bernard !

Bernard — Fais attention parce quand j'y vais, j'y vais.

Une voix — Oui c'est ça, Bernard, impressionne-moi !

Une voix — Baise-moi.

Une voix — Oooh baise-moi !

Bernard — Attention, hein, ça va partir.

Une voix — Bernard, dépêche-toi, Bernard !

Une voix — Je te veux, Bernard.

Une voix — Je te veux tout entier.

Une voix — Tout dur et tout entier.

Bernard commence fébrilement à déboutonner son pantalon.

Bernard — Alors attends un peu, tu vas voir comme je vais te prendre... *(Panique.)* Mais... Mais... Elle est passée où ?

Une voix — Quoi donc, Bernard ?

Bernard — Mon... Ma... Putain, elle est passée où, cette conne ?

Une voix — Bernard, dépêche-toi, j'attends !

Bernard — Mais je la trouve pas ! Je la trouve pas !

Une voix — Dommage, Bernard.

Une voix — Ah oui, dommage, Bernard !

Bernard — Non, Sylvie, attends, attends juste deux minutes, je vais bien finir par la retrouver. *(Il cherche, il fouille, on dirait qu'il creuse dans son pantalon.)* Mais ça peut quand même pas disparaître comme ça, bordel !

Une voix — Adieu, Bernard.

Une voix — Adieu, Bernard.

Une voix — Pauvre type, Bernard.

Bernard — Attendez, attendez, c'est pas possible, c'est pas possible, putain !

Les voix rient de concert en s'éloignant.
Bernard est de plus en plus paniqué et démuni. Il se réveille en sursaut.

BERNARD — Je crois bien que dans ces cas-là, on dit bienvenue? Alors bienvenue à toi, Eva, chez Porn for the Blind! Je peux te tutoyer? Tant mieux. Ravi que tu aies pris ta décision! Tu vas voir, ici c'est pas bien grand, c'est fait de bric et de broc parce qu'on ne roule pas sur l'or, mais on est une sacrée famille. Alors là, c'est Jean-Jacques, qui s'occupe de la compta. Salut, Jean-Jacques, je te présente Eva, tu passeras tout à l'heure pour la paperasse. Jean-Jacques s'occupe aussi de tout ce qui est communication, relation clients, achat de fournitures, direction technique, enfin c'est un peu notre homme à tout faire. On peut penser que ça représente une grosse charge de travail, mais il dit toujours qu'il trouve ça stimulant. Pas vrai, Jean-Jacques?

Ah. En parlant de stimulation, on arrive maintenant aux cabines d'enregistrement, le cœur de notre activité. On est ici dans un ancien peep-show alors on a voulu conserver l'esprit du lieu. On a juste enlevé les boîtes de mouchoirs dans les cabines ah ah ah alors je te présente Jérôme, la voix de Porn for the Blind, qui a déjà beaucoup à faire et qui ne sera pas contre un petit coup de main, enfin en tout bien tout honneur bien sûr.

Ici on bosse sur trois grandes catégories de films et autres vidéos. D'abord les vidéos généralistes. Vraiment le cursus classique : une pipe, un missionnaire, une Andromaque, pourquoi pas une levrette, et puis une éjac faciale et un sourire pour finir. Rien de bien compliqué. Ça, c'est 80 % du boulot. Et c'est là-dessus que tu pourras commencer à travailler. Ça soulagera déjà beaucoup Jérôme et ça lui évitera un *burnes-out*.

(Silence.)

Deuxième catégorie, celle de « l'univers féminin », c'est-à-dire toutes ces vidéos clairement éditées pour les femmes, très esthétiques, dans lesquelles la spectatrice voit moins de détails. Là on est plus dans le sensoriel, dans le sensuel.

Et puis enfin les pratiques plus à la marge, uro, scato, zoo, BDSM, shemale, et autres gangbang et bukkake. Le principe c'est qu'il y en ait pour tous les goûts, mais je peux t'épargner ça pour le moment. À moins que tu sois très demandeuse ? *(Elle fait un non clair de la tête.)* C'est ce que je me disais aussi.

On y va ? On se lance ?

La lumière sur la scène se tamise. On est concentré sur le visage d'Eva.

Eva — Nous sommes dans le salon d'une villa magnifique. Au loin on aperçoit l'océan, à perte de vue. Une jeune fille avec deux couettes pianote sur son téléphone, perdue dans ses rêveries. Sa main vient frôler l'étoffe de sa jupe, comme si son sexe la démangeait. On sonne à la porte. C'est un homme très musclé qui est tombé en panne, qui a besoin d'un coup de main. Elle répond qu'elle est toute seule, qu'elle peut lui donner un coup de main, mais d'un autre genre. Le type n'a pas l'air de dire non, il se laisse mener dans l'escalier, où ils ne perdent pas de temps. Ses doigts écartent le tissu de sa culotte, elle l'emmène dans une autre pièce, sans doute sa chambre, où ils seront plus à l'aise. Oui, c'est bien ça, on arrive dans sa chambre, il y a un poster au mur, une couette à cœurs, une peluche. Une peluche ? Attendez, coupez ! Coupez ! C'est quoi ces conneries ?

Bernard — Qu'est-ce qui se passe ?

Eva — Vous me demandez ce qui se passe ? La première vidéo que vous me faites commenter met en scène une ado qui se fait sauter par un inconnu, voilà ce qui se passe !

Bernard — Mais ça, c'est la trame, tu vois bien que l'actrice est majeure ! C'est juste un fantasme.

Eva — C'est pas un fantasme, c'est de la pédophilie.

Bernard — Eva, il faut que tu comprennes que la plupart des scénarios privilégiés par nos clients s'appuient sur le sentiment de transgression. C'est la demande du public.

Eva — C'est même pas une question de demande, c'est tout simplement dégueulasse. Non, ce sera sans moi, désolée.

Bernard — Attends, Eva, on peut s'arranger. C'est trop bête d'en rester là.

Eva — Si c'est pour aller aussi loin, je préfère en rester là.

Bernard — Non, je veux bien laisser partir des employés, mais pas quand ils ont du talent. Là ça m'ennuie beaucoup.

Tu as vraiment quelque chose. Tu ne veux pas qu'on se donne une chance ?

Eva — Et comment vous feriez ça ?

Bernard — Je ne peux pas te promettre qu'il n'y aura plus jamais de vidéos de ce genre, mais je peux demander à Jérôme de te faire bosser plutôt sur la partie « univers féminin ».

Eva — Les trucs esthétiques et tout ?

Bernard — Voilà, les trucs esthétiques et tout. Eva, t'as l'air d'avoir beaucoup de choses à dire, mais notre boulot à nous c'est de prêter nos yeux à ceux qui ne voient rien. Ça va pas plus loin. On n'est pas des cinéastes. On se contente de décrire. Tiens-toi à ça et moi je m'engage à faire en sorte qu'on ne te montre rien de bien méchant. D'accord ?

Un temps.

Eva — Je veux bien essayer.

Bernard — Jérôme, tu peux lui montrer ? Jérôme ?

HISTORIQUE

Chez Jérôme et sa petite amie.

La petite amie — Jérôme ? Tu peux venir voir, s'il te plaît ?

Jérôme — Oui, chérie ?

La petite amie — Tu sais ce que c'est, ça ?

Jérôme — Un ordinateur.

La petite amie — Mon ordinateur, en l'occurrence. Et c'est marrant, mais quand je consulte l'historique des pages visi-tées, je trouve des choses étranges.

Jérôme — Comme quoi ?

La petite amie — Par exemple : « anal threesome » ?

Jérôme — Ah oui, ça me revient maintenant ! C'est parce que j'ai entendu un type parler de ça dans un bar, et je suis allé voir à quoi ça ressemblait. Franchement, c'est bizarre.

La petite amie — Et « bukkake » ? *(Avec la mauvaise prononciation.)*

Jérôme — Bukkake. *(Avec la bonne prononciation.)* Tu connais ? Ça vient du Japon. Les gars ont quand même l'esprit sacrément tordu là-bas.

La petite amie — C'était pour voir à quoi ça ressemblait, ça aussi ?

Jérôme — Oui, oui. Comme je te le dis. La curiosité.

La petite amie — Mais Jérôme, il y en a plus de 7 000 pages ! Quand est-ce que tu as pu regarder 7 000 vidéos de cul ?

Jérôme — Je sais pas. Pendant la journée, de temps en temps, pendant des moments d'oisiveté.

La petite amie — Sept mille moments d'oisiveté ? Tu devais pas chercher un boulot ? Ou écrire ton fameux roman ?

Jérôme — Ça venait pas.

La petite amie — J'ai plutôt l'impression que ça venait, moi.

Jérôme — L'inspiration. L'inspiration, ça venait pas.

La petite amie — Je te connais pas, en fait, Jérôme. T'es juste un inconnu qui hante mon appartement en regardant du porno sur mon ordinateur. Et qu'est-ce que ça raconte de nous ? Je te suffis pas, c'est ça ?

Jérôme — Non, mais ça n'a rien à voir avec toi, ce sont des fantasmes, rien que des fantasmes.

La petite amie — « Mature women » ? « Asian hooker cumshot » ? « Gay group » ? C'est plus des fantasmes, c'est un vide sidéral dans ta sexualité ! Un trou noir de dimensions parallèles dans lequel toutes les combinaisons seraient possibles ! Ça te plaît vraiment, tout ça ?

Jérôme — Je... Je sais pas.

La petite amie — « Big cock » ? « Gangbang » ? « Teens » ? « Milf sucking two black massive cocks » ? Reviens, Jérôme. Jérôme, si tu franchis cette porte, c'est fini ! *(Jérôme s'enfuit pendant qu'on entend encore les intitulés de vidéos égrainés par sa petite amie.)* « Hentai lesbian licking » ? « Granny taking a cucumber » ? « Big fat cock visiting every hole of my stepsister » ?

INSTRUCTION

JÉRÔME — T'es bien installée ?

EVA — Oui, je crois.

JÉRÔME — Crois-moi, si tu restes ici un bout de temps t'as plutôt intérêt à être bien installée quand tu bosses sinon tu vas finir avec le dos pété. Faut privilégier une bonne assise pas trop vautré non plus, sinon t'es pas assez attentif ou alors debout si tu préfères mais alors le dos droit, bien dans tes appuis, les épaules dans l'axe de l'écran. Le micro : 20 centimètres pas plus pour garder la proximité. Moi un jour j'étais fatigué, je me suis mis à chuchoter, eh ben figure-toi que Bernard m'a félicité, il m'a dit que ça faisait plus *confidence*, alors depuis dès que je sens que j'y suis pas trop je chuchote pour faire *confidence*. Bon, Bernard m'a dit que t'avais besoin que je t'explique un peu les rudiments, c'est ça ?

EVA — Oui.

JÉRÔME — Sur le papier ça peut paraître impressionnant surtout si t'es pas très habituée, mais au bout d'un moment tu oublies que tous ces gens sont tout nus, tu te concentres sur ce qui est purement factuel. Tu verras, très vite ce qui se passe à l'image n'aura plus d'importance, tu seras seulement sur de la description. Et dans cette description il faut que tu insistes sur plusieurs points : le décor, le nombre de participants, la forme des attributs sexuels et organes génitaux, les positions. Et puis après tu déclines tout ça en décrivant le rythme de l'action, les émotions que tu peux voir sur les visages. Petit tuyau que je te donne : si tu sens que tu as déjà bien décrit l'action, tu peux profiter des gros plans pour t'hydrater, petite bouteille d'eau toujours à côté de toi. Parfois je trouve que ça va pas assez loin, genre y a deux filles avec le mec et tu sens que la scène a un gros potentiel pour partir en feu d'artifice tu vois ce que c'est un feu d'artifice ? C'est quand tu sais plus vraiment ce qui va arriver tu regardes et tu deviens toi-même spectateur tu te laisses surprendre quoi bref y a des moments comme ça je me dis oh ben non y avait un potentiel pour un feu d'artifice là et en fait les deux filles s'embrassent le mec les regarde en se touchant et tout ça reste assez soft.

EVA — Justement, Bernard proposait que tu me donnes les vidéos softs.

JÉRÔME — C'est toi qui vas t'en charger ? Ah ! tu peux pas savoir comme ça va me soulager j'en vois défiler des centaines d'heures de ces trucs j'en peux plus !

EVA — C'est pas mal, ça, moi je veux bien m'en occuper.

JÉRÔME — Mais alors attention très important toujours être sur tes gardes parce que s'il y a bien une règle dans le domaine de la vidéo porno c'est que tout est toujours possible. C'est pas parce qu'une femme fait appel à un plombier qu'il ne va pas débarquer avec toute une équipe d'artisans en tout genre. Te laisse pas déborder Eva t'entends te laisse jamais déborder.

Eva — OK, bien reçu.

Jérôme — Pour te faciliter les choses je t'ai préparé un petit cadeau de bienvenue un tuyau à moi pour passer des bonnes journées et pas se prendre la tête ma liste de synonymes.

Eva — Une liste de synonymes ?

Jérôme — Ben oui tu vas pas dire grosse bite, gros seins, gros cul toutes les deux minutes c'est redondant c'est pour ça que j'ai ma liste de synonyme comme ça impossible de me laisser dépasser si ça va trop vite hop je pioche dans la liste.

Eva, *regardant la liste* — D'accord. Et tu dis quoi, alors ? « Son sexe colossal » ?

Jérôme — C'est très bien par exemple. Ou « sa poitrine rebondie » qui fonctionne pas mal non plus.

Eva — Mais dans ta liste des synonymes de *gros*, il y a aussi *boursouflé*. On peut le dire, *boursouflé* ?

Jérôme — Oui enfin c'est ton boulot ensuite de voir si c'est adapté je te l'ai dit faut rester attentif sinon tu te laisses dépasser et alors là c'est la catastrophe tu te mets à raconter n'importe quoi t'es plus vraiment maître de la situation plus rien n'est précis et le type qui écoute ça chez lui ensuite il y comprend plus rien il se met à ressentir ta panique. Une fois j'ai utilisé le synonyme *hypertrophié* pour parler du sexe d'une actrice et pour de vrai c'était gros mais j'avais déjà dit *gros* trois fois dans la scène alors j'ai pas bien réfléchi j'ai pris la liste et là boum le premier sur lequel je suis tombé c'est *hypertrophié*. Tu te doutes bien que ça a pas fonctionné Bernard m'a fait tout refaire ensuite.

EVA — Tu dois en connaître un paquet, des synonymes, à force, peut-être que tu n'as plus besoin de regarder ta liste ?

JÉRÔME, *lui reprenant la liste des mains* — Bon écoute moi je te la donne je sais pas c'était un cadeau de bienvenue dans la boîte si t'en veux pas si madame ne veut en faire qu'à sa tête c'est ton problème.

EVA — Jérôme, c'est pas du tout ce que je voulais dire, c'est très gentil...

JÉRÔME — On s'y met ?

EVA — Très bien.

SUR SES TRACES

Ground Control. Bruits d'enfants, foule, Eva se tient au milieu, elle scrute les visages, guette un détail qui la mettrait sur la bonne piste.

Eva — Je reviens là tous les week-ends

Parfois des jours de semaine

Au cas où

Il y aurait ses habitudes.

J'y reste des heures

Je vaque d'un stand à l'autre

De la nourriture asiatique aux vêtements tissés à partir de caoutchouc recyclé.

Je fais semblant de m'intéresser.

Les gens commencent à se poser des questions

À se demander ce que je fais là.

Ils tâtent leurs poches

Pour vérifier que je ne suis pas une sale petite voleuse

Parce que c'est bizarre

Pour les gens

Quelqu'un qui avance sans avoir de but remarquable.

Mais pas l'ombre d'un aveugle

Pas l'ombre de toi

De ton visage d'ange

De tes yeux qui rient dans le noir

De tes mains si douces

Tu sais depuis peu je prête ma voix pour te retrouver

J'aime bien cette expression

Prêter sa voix.

C'est la seule chose que tu connaisses un peu de moi

Ma voix.

Et puis je fais des expériences aussi.

OBSCURITÉ

Dans un restaurant plongé dans l'obscurité totale. Un qui n'est pas le bon entre à tâtons et vient s'asseoir à table.

Un qui n'est pas le bon — Eva ! Il y a quelqu'un qui s'appelle Eva ici ?

Eva — Oui, c'est moi.

Un qui n'est pas le bon — Mais on n'y voit rien ici !

Eva — Oui, c'est le thème de cet endroit. Suivez ma voix ! Par ici, encore un peu. Vous brûlez. Voilà.

Un qui n'est pas le bon — C'est assez… original comme premier rendez-vous. Oui, original, c'est bien le mot, on ne me l'avait jamais faite, celle-là. *(Un temps.)* Eva ? Eva, vous êtes toujours là ?

Eva — Oui, juste en face de vous.

Un qui n'est pas le bon — Merci, j'avais peur de parler tout seul.

Eva — Pourquoi « original » ?

Un qui n'est pas le bon — Quand on se rencontre en ligne et qu'on franchit le pas, ensuite, le fameux passage du virtuel à la réalité, c'est pour se connaître pour de bon.

Eva — C'est aussi une façon de se connaître, non ? Après tout, pourquoi se voir ? Moi j'avais envie de savoir ce que ça fait de rencontrer quelqu'un qu'on ne peut pas voir.

Un qui n'est pas le bon — Ah bon ? Pourquoi pas, après tout ? Et en même temps, ça me fait un peu peur. Je pourrais croire que vous avez quelque chose de très disgracieux à cacher. Je plaisante. C'est étonnant parce que ce n'est pas du tout ce que votre voix me raconte. Votre voix me plaît déjà beaucoup.

Eva — Donnez-moi votre main.

Un qui n'est pas le bon — Voilà.

Elle la passe sur son visage.

Eva — Dites-moi. Dites-moi tout ce que vous ressentez. Ce que mon visage raconte à votre peau.

Un qui n'est pas le bon — Eh bien, d'abord je ne sens pas de protubérance gênante sur votre visage, et quelque part ça me rassure. Je plaisante. Vous avez la peau douce, presque une peau d'enfant encore, les pommettes sont un peu relevées. Si je remonte autour des yeux, je sens quelques légers sillons dans la peau, parce que vous riez beaucoup — ou que vous pleurez beaucoup, c'est selon. Votre front est légèrement bombé. Comme ça, du bout des doigts, je dirais que vous avez un grand front. Voilà.

Eva — Attendez, attendez, ne vous arrêtez pas, s'il vous plaît. Redescendez un peu vers le nez, la bouche.

Un qui n'est pas le bon — Votre nez est un peu en trompette, je crois. Mais bien dessiné, bien sûr, très bien dessiné. Je ne vous vexe pas ?

Eva — Non, pas du tout, au contraire. Je veux savoir ce que vous ressentez. Ce que vous ressentez vraiment.

Un qui n'est pas le bon — Eh bien, on dirait que les arêtes de votre nez tombent de façon très harmonieuse vers vos joues. La peau a l'air un peu abîmée sur vos joues, peut-être les traces de l'acné de l'adolescence. Je ne sais pas. Et puis votre bouche. C'est une bouche assez large, la lèvre inférieure est pulpeuse. Vos lèvres sont douces, et si je suis vraiment honnête, je suis assez troublé en passant mes doigts dessus.

Eva — Troublé comment ?

Un qui n'est pas le bon — Je crois que j'aimerais vraiment les embrasser, plus tard, dans la soirée. Je sens aussi l'ovale de votre visage, les angles de votre mâchoire. Il est beau, dans le noir, votre visage, il va bien à mes mains.

Elle enlève doucement ses mains de son visage.

Eva — C'est bien, merci.

Un qui n'est pas le bon — J'aime beaucoup, en fait. Vous connaître très progressivement. C'est très excitant. À votre tour, alors ? *(Il tend la tête.)* Eva ? Eva ? Eva, vous êtes encore là ? Eva ?

Eva a quitté la pièce.

ENTRE LES MOTS

Eva — Toi

Mon prince

Je vais te retrouver

Mettre la main sur toi

T'attirer à moi

Je tendrai des perches

Je jetterai des bouteilles à la mer

On racontera longtemps

L'histoire de ces amants

Réunis

D'un désir à un autre

Sur fond de pornographie.

La lumière se tamise à nouveau. Chez Porn for the Blind. Nouveau film.

Eva — La scène se passe en forêt. Deux types se baladent en K-Way ; des randonneurs, sans doute. On les sent heureux de marcher, de se dépenser, d'être ensemble, on se croirait dans une pub pour une eau minérale ou pour les produits laitiers. Leurs sourires sont parfaits, leurs dents aussi, jusqu'à la commissure de leurs lèvres, il n'y a rien qui dépasse. Parfois les gens ont des sourires mystérieux, qui les rendent infiniment beaux. Il arrive alors qu'on les croise le dimanche, entourés de familles et d'enfants.

BERNARD — C'est un peu hors sujet, ça, Eva, non?

EVA — Non, justement, je me demandais s'il ne valait pas mieux créer une proximité avec l'auditeur.

BERNARD — Pourquoi pas? Reprenons.

EVA — Certains ont donc choisi un style de vie urbain, bobo, et aiment bruncher tous les dimanches dans des lieux bondés, caresser la joue d'innocentes inconnues... Mais ce n'est pas le cas de nos deux héros, que l'on retrouve loin des villes, adossés à un chêne centenaire, vue imprenable sur la vallée, petite brume qui s'élève autour d'eux sous forme de vapeur. Vraiment c'est de la belle réalisation, on ne s'attend pas à ce qu'il se produise autre chose que le passage d'un troupeau de biches qu'ils regarderaient, planqués dans les fougères, avec leurs grosses paires de jumelles. Eh non, ô surprise! Ils se sont rapprochés, ils ont envie de comparer leurs tablettes de chocolat, visiblement. Le premier glisse sa main dans l'entrejambe du second et on voit poindre ce qui ressemble à la mère de toutes les érections, au Kilimandjaro du désir. Comme la caméra n'a pas le temps pour les effeuillages de doudounes et gros pulls, et toi non plus cher auditeur-brun-taille-moyenne-et-sourire-mystérieux tu n'as pas le temps pour ça, et tu as bien raison, on les retrouve tous les deux tête-bêche. Ça doit sacrément piquer le cul toute cette terre et ces ronces, remarquez que ça ajoute du piquant à la situation. Il faut dire qu'ils font ça très bien quand même, le mouvement de leurs deux têtes s'accélère, leurs mains se crispent sur leurs dos, le réalisateur a choisi de faire des gros plans sur leurs testicules qui se contractent en rythme, mais honnêtement ce gros plan n'est pas du meilleur goût, je préfère vous parler de ces quatre mains qui s'agrippent, qui se cherchent, font des nœuds, jouent la douce musique de la jouissance qui monte.

Bernard — Pardon, Eva, je coupe, mais ce n'est pas du tout le projet de la maison ce que tu fais.

Eva — Comment ça ?

Bernard — Déjà, le ton est assez... étrange, mais pourquoi pas, après tout. Mais surtout tu ne peux pas commenter ce qui n'est pas filmé.

Eva — J'ai fait ça ?

Bernard — Je te repasse l'enregistrement.

On entend la voix d'Eva : « Mais honnêtement ce gros plan n'est pas du meilleur goût, je préfère vous parler de ces quatre mains... »
Silence.

Eva — Tu tiens réellement à ce que je commente un gros plan sur une paire de couilles ?

Bernard — C'est quand même le principe, non ?

Eᴠᴀ — Mais, Bernard, est-ce qu'on ne pourrait pas essayer de… s'évader, ce serait possible ? Enfin, c'est filmé avec les pieds par des gars bas du front, et nous, on devrait s'y tenir exactement ? On ne pourrait pas s'en moquer un peu ? J'ai l'impression que ce qui manque au porno, c'est avant tout deux choses : l'impertinence et la poésie. Allez, Bernard, t'as l'air sympa. D'accord, tes blagues sont un peu lourdes, mais je sens bien que t'as un bon fond, que t'es pas très fier de ce qui se passe parfois devant la caméra. Tu voudrais pas essayer ? Juste essayer de penser que le plaisir peut avoir besoin d'un peu de second degré ? S'il te plaît ?

Bernard hausse les épaules, incrédule. Noir.

LES CAUCHEMARS DE BERNARD 2

Bernard, seul. Un projecteur directement braqué sur lui, comme les lampes pendant les interrogatoires policiers.

Une voix — Bernard !

Une voix — Hé, Bernard !

Une voix — Bernaaaaaard !

Bernard — Oui ?

Une voix — Bernard, c'est mou.

Bernard — Quoi ? Qu'est-ce qui est mou ?

Une voix — Ça, là, en bas.

Bernard — Non, mais pas du tout.

Une voix — Bernard, tu bandes mou.

Une voix — Quand tu bandes.

Une voix — Et quand est-ce que tu bandes, Bernard ?

Une voix — Quand est-ce que tu bandes ?

Bernard — Eh bien, je… je… je bande tout à fait fréquemment. Il faut juste me laisser un peu de temps et…

Une voix — Jamais !

Une voix — Tu bandes jamais, Bernard !

Bernard — Le matin ! Le matin, je bande !

Une voix — Et puis c'est petit !

Une voix — C'est minuscule !

Une voix — Microscopique !

Bernard — C'est faux !

Une voix — Il est où, le zizi ? Il est où ?

Une voix — On voit rien !

Bernard — D'abord c'est pas la taille qui compte ! Ça marche très bien, je vous signale !

Une voix — Demande à Sylvie.

Bernard — Non.

Une voix — Si, si, demande à Sylvie.

Bernard — Mais Sylvie, c'était différent.

Une voix — Elle sentait rien, Sylvie.

Une voix — Rien du tout.

Bernard — J'ai pas compris ce qu'elle voulait, j'ai rien compris du tout.

Une voix — Elle sentait rien, Bernard.

Une voix — Rien.

Une voix — Alors elle est partie.

Bernard — J'ai rien compris, j'ai rien compris du tout, j'ai rien compris, j'ai rien compris du tout...

Bernard se réveille en eau, larmes et sueur.

FAILLITE

Chez Porn for the Blind. Les locaux sont soudain plongés dans le noir.

JÉRÔME — Bernard, y a plus de jus.

BERNARD — Effectivement.

JÉRÔME — Je parle pas du boulot, là. Dans les studios, y a plus de jus, l'électricité est coupée.

BERNARD — Je sais bien, Jérôme.

EVA, *arrivant avec une lampe de poche* — Dites donc, prévenez la prochaine fois que vous faites un truc comme ça, c'est flippant de se retrouver dans le noir total.

BERNARD, *fataliste* — Dans le temps, on faisait ce genre d'expérience. Être plongé dans le noir pour mieux comprendre nos clients.

JÉRÔME — Bernard, qu'est-ce qui se passe ?

BERNARD — C'est fini, Jérôme. Je préfère m'arrêter là.

JÉRÔME — Pour de bon ?

BERNARD — Cette fois, c'est vraiment râpé. Il n'y a plus un sou dans la caisse, et puis je n'y crois plus beaucoup. Il y a déjà assez de contenu disponible pour les cinquante prochaines années, et de toute façon personne ne va jamais vraiment jusqu'à la fin des films. Et pour les voyants, il y a les images, des images par millions, qui nous submergent.

EVA — On arrête, alors ?

BERNARD — Oui, Eva, je sais que t'étais pas là depuis bien longtemps. En t'embauchant, j'ai pensé que ta voix et ton naturel pourraient nous redonner un petit élan, mais il était trop tard. Il a toujours été trop tard dans ma vie, d'ailleurs, désolé de t'avoir mêlée à tout ça. Tu n'y es pour rien.

JÉRÔME — Qu'est-ce que je vais faire, moi, maintenant ?

BERNARD — Je ne sais pas quoi vous dire.

Un temps.

EVA — Et si on faisait une fête ?

BERNARD — Une fête ?

EVA — Oui, une fête exutoire. Un enterrement au champagne !

JÉRÔME — J'ai pas trop la tête à rire et à faire la fête moi tu comprends un job comme ça je vais pas en retrouver un de sitôt je veux dire les métiers-passion c'est pas si courant t'imagines ce que ça représente pour moi et alors j'apprends que boum c'est fini enfin merde quoi le porno c'est l'aventure le porno c'est ma vie c'est tout ce que j'ai.

BERNARD — Arrête un peu, Jérôme. Elle a raison. Tant qu'à fermer la boîte, autant la fermer avec panache. Je vais chercher les bouteilles qui attendent dans mon bureau, celles des grandes occasions.

Transition fête. Queue leu-leu. Ils chantent à tue-tête dans le micro en mode karaoké.
Musique. Alcool. Parfois l'un d'eux s'approche du micro, comme pris dans une sorte de flou onirique.
Bernard essaie de commenter une scène. Il est beaucoup trop maladroit dans sa façon de faire, n'y croit pas. Son récit est extrêmement factuel et sans âme. Il renonce.
Jérôme, lui aussi, s'approche du micro. C'est le Jérôme encore enfant, qui entend une voix. Un homme lui parle, lui demande de ne rien dire, que ce sera leur petit secret.
La fête se poursuit.
Eva s'approche à son tour du micro. Elle se livre.

EVA — Je m'appelle Eva.

TOUS — Bonjour, Eva.

EVA — Et je travaille ici parce que je suis tombée amoureuse d'un homme aveugle. Ça va sûrement vous paraître insupportablement poétique et inutile, mais je crois bien qu'il m'a vue, on était comme seuls au monde au milieu de la foule, c'était magnifique, c'était la chose la plus folle qui me soit jamais arrivée. Et je ne le retrouve pas, nulle part, mais alors vraiment nulle part. Si je suis venue travailler ici, c'est parce que j'espérais croiser à nouveau son chemin. Mais il faut croire que ce genre d'histoire n'existe que dans la vie idéale.

Bernard — Tu sais son nom, tout de même ?

Eva — Non.

Bernard — Enfin, t'as bien quelque chose ?

Eva — Non.

Jérôme — Comment tu comptes t'y prendre, alors ?

Eva — Je sais pas, Bernard ! Je laisse des messages subliminaux cachés dans les descriptions, voilà ce que je fais ! (*Silence.*) Allez, à toi, Bernard : quel est ton secret ?

Bernard — J'ai pas de secret, moi.

Eva — Oh ! allez, Bernard !

Jérôme — Allez, Bernard !

Bernard — Bon, si vous voulez. J'ai été marié, il y a longtemps. Elle s'appelait Sylvie. J'étais fou amoureux. Sylvie et moi, on s'entendait bien. Et puis… la routine, le boulot, le désir qui s'estompe peu à peu. Elle, de son côté, voulait qu'on « explore ensemble les recoins de notre sexualité ». J'en ai pas été capable. Je me suis braqué, je me suis convaincu que je ne pourrais jamais la satisfaire. Je ne bandais plus. En perdant confiance, j'avais perdu aussi mon désir. Immanquablement, un jour, Sylvie est partie.

Cette entreprise, là, Porn for the Blind, c'était ma revanche. Il fait quoi, Bernard, maintenant ? Eh bien, Benard, Bernard le sans-couilles, Bernard la petite bite, Bernard le frigide, il travaille dans le porno, ça t'en bouche un coin hein connasse, j'espère que tu t'es tellement fait prendre dans tous les sens que maintenant tu ne sens plus rien !

EVA — Calme-toi, Bernard.

BERNARD — Pardon. Chaque fois que j'y repense, ça m'énerve.

EVA — Et toi, Jérôme ?

JÉRÔME — Non, non.

EVA — On l'a tous fait, vas-y.

JÉRÔME — Non, non, vraiment.

EVA — Allez, fais pas ton timide.

JÉRÔME — Je préfère pas.

EVA — Mais tu...

JÉRÔME — J'ai pas envie ! C'est pas assez clair ça ? T'entends pas ? T'es tombée amoureuse d'un aveugle alors quoi euh t'es euh t'es sourde maintenant c'est ça ?

Silence. Fin de soirée. Alcool triste et sans solution.

Eva — Attendez, attendez, j'ai une idée! Jérôme, balance-moi une vidéo, la première que tu trouves, ou non, encore mieux, balance-moi une de tes pépites.

Jérôme — Tu veux un feu d'artifice?

Eva — Voilà, lance-nous ton plus beau feu d'artifice, ton bouquet final.

Jérôme — C'est un film amateur polonais des années quatre-vingt, vous m'en direz des nouvelles.

Eva — Ah oui, parfait!

On est dans... dans ce qui ressemble à un décor futuriste, dans la salle de contrôle d'un vaisseau spatial. Il y a trois personnages de dos, et l'un d'eux est... doté de plusieurs tentacules. De la science-fiction, Jérôme? Génial!

Ils ont atterri sur une planète inconnue. Ils semblent perdus. La porte s'ouvre dans un nuage de fumée assez mal fait, et deux créatures pénètrent dans le cockpit. Nos trois aventuriers semblent sous l'emprise d'un pouvoir étrange, ils ne maîtrisent plus leurs mouvements, tentent de résister mais rien n'y fait.

Ah! je comprends mieux, ils ont atterri sur une planète entièrement dédiée aux plaisirs de la chair, Nymphomania pourrait être son nom, où ils seront irrémédiablement condamnés à servir d'esclaves sexuels jetés en pâture à ses habitants. Et d'ailleurs notre homme-tentacule est une prise de guerre de choix, à voir comme il est mis à contribution.

Autre nuage de fumée, autre ouverture de porte, de nouvelles créatures font leur entrée, on croirait Robinson Crusoé voyant arriver sur son île un navire chargé de victuailles. Les trois personnages ne sont plus que des objets de plaisir — plaisir qu'ils semblent prendre à leur tour, c'est rassurant, chers auditeurs, les règles de l'hospitalité sont respectées. Attendez. C'est pas mal aussi comme ça, non ?

BERNARD — Comment ?

EVA — Cette façon de faire, de décrire.

BERNARD — De quoi tu parles ?

EVA — On pourrait mieux décrire toutes ces vidéos. Ajouter nos propres sensations, raconter ce que ça nous fait. Être plutôt des témoins que des spectateurs.

BERNARD — Et comment tu fais ça ?

EVA — Tu te plonges dans l'histoire. Tu y es avec eux. Tu ne dis pas « un extraterrestre taille une pipe à un des hommes » avec une voix de robot, mais plutôt « des créatures nues dotées de sexes énormes pénètrent dans le vaisseau spatial d'un pas pressé comme s'ils étaient morts de faim, la présence de ces étrangers a attisé chez eux le besoin de sexe ». Du ressenti, quoi.

BERNARD — Tu vois tout ça, toi ?

JÉRÔME — *Proéminents*, ça aurait été mieux que *énormes* pour parler de leurs sexes. Ou *imposants*. Ça s'y prêtait bien.

Eva — T'as raison, la fameuse liste de synonymes. En décrivant les choses de cette façon, tu établis un lien de complicité avec le client. Comme un petit coup de coude que tu lui ferais au comptoir d'un bar pour lui faire signe que la fille qui vient d'entrer est sacrément belle. Je ne dis pas que c'est exactement ce qu'il y aurait à l'image. Je dis que c'est ce que je percevrais, moi. Jérôme, j'imagine, verra tout à fait autre chose. Tu pourrais faire ça, Jérôme?

Jérôme — Dire ce que je ressens?

Eva — Oui.

Jérôme — Vraiment? On pourrait faire ça, Bernard?

Bernard — Oui, enfin, avec une limite de décence tout de même, hein, Jérôme. Ça t'intéresserait?

Jérôme — Euh... Oui. Oui! Pourquoi pas!

Bernard — Mais nos clients veulent juste qu'on leur dise ce qu'il se passe là, sous nos yeux. C'est pour ça qu'ils nous paient.

Eva — Et pourquoi ils n'auraient pas plutôt besoin du regard d'un autre? Et d'ailleurs pourquoi nos clients seraient forcément aveugles? Il faut voir plus grand.

Bernard — Après tout, qu'est-ce qu'on a encore à perdre? On peut tenter un dernier va-tout. Pour le panache.

Jérôme et Eva — Pour le panache.

PROMO 2

Musique festive, caribéenne, presque trop joyeuse pour que ce ne soit pas désespéré.

Publicité — Hé, toi ! Tu es atteint de cécité ? Ou alors tu vois très bien, mais tu es avide de nouvelles expériences ?

Qu'importe ! Tout le monde est bienvenu chez Porn for the Blind.

De l'émotion, de l'humour, du suspense, de l'action, nous te guiderons sur les chemins du plaisir grâce aux audiodescriptions sucrées-salées de nos commentateurs.

Porn for the Blind, c'est un autre regard sur le porno.

Pour une jouissance sans tabou ni jugement, chez Porn for the Blind nous serons tes yeux pendant que tes mains seront occupées à des choses plus importantes. Alors, laisse-toi faire. Abonne-toi !

En ce moment, jusqu'au 21 septembre, c'est la fête de l'été, fais aussi plaisir à ton portefeuille !

Deux mois d'abonnement pour le prix d'un !

Abonne-toi !

Offre soumise à conditions, réservée à un public averti, aucun animal n'a été maltraité pendant le tournage.

QU'IL SE PASSE QUELQUE CHOSE

Eva — C'est comme si j'étais pas

Adaptée.

Comme si tout se passait bien.

Comme si je m'étais baissée

Une minute

Pour refaire mes lacets

Et que tout était parti sans moi

Le train du succès

Le grand manège des rencontres amoureuses épanouissantes

Les projets qui cartonnent

Les fiertés auxquelles on s'abandonne

Je me trouve sur un quai

Abandonnée

Où j'attends un train

Sans destination.

Dans le grand film de ma vie

Je crois bien que le réalisateur m'a coupée

Au montage.

Je voudrais tant

Qu'il se passe quelque chose

Un appel
Une rencontre
Une excitation
Que ce soit rendu possible
Par l'Univers
Par Dieu
N'importe quel dieu
Le dieu de l'amour
Celui des aveugles
Celui du porno
Le dieu des âmes en peine
Moi j'ai fait ma part du chemin
Si maintenant
Quelqu'un veut bien venir
À ma rencontre
Ne serait-ce que pour me transmettre
Le bon itinéraire.
Ce serait pas de refus.
Un peu plus
Et je vais me jeter sur les rails
D'un train qui n'arrivera jamais.
Pathétique.

TITRES

Chez Porn for the Blind, salle de réunion.

BERNARD — Les amis, j'ai ressorti tout un paquet de classiques à réenregistrer, ça va nous faire plein de boulot pour les jours qui viennent. Le plus simple, c'est peut-être que chacun décide sur quoi il a envie de travailler ? Je vous donne la liste et puis vous vous manifestez chaque fois que ça vous intéresse. *Gorge profonde* ?

JÉRÔME — Je prends !

BERNARD — *Rodéo sur Juliette* ?

JÉRÔME — Je prends.

BERNARD — *Toutes les catins du monde.*

JÉRÔME — Je prends.

BERNARD — Ça c'est mon Jéjé, toujours motivé. *Dragon Boules* ?

JÉROME, *hésite* — … Allez, je prends.

BERNARD — *Cyrano de Vergerac* ? Eva, tu te manifestes quand tu veux.

Eva — J'ai un peu la flemme, là, Bernard.

Bernard — On va arranger ça. Qu'est-ce que j'ai encore qui pourrait te plaire ? *Le Gland des Siciliens* ? *Laisse mes mains sur ton manche* ? Oui, Jérôme je t'ai vu. Ou un truc historique ? *Tata nique* ?

Eva — Non, vraiment, j'y arrive pas, là.

Bernard — C'est le principe du travail ; parfois on n'a pas envie, mais il faut bien le faire.

Eva — Oh non, s'il te plaît, on dirait mon père, ça me donne encore moins envie de bosser. Ces petits couplets sur la vie qui n'est pas toujours facile, je ne peux plus les entendre. Je crois que ça y est, j'ai bien intériorisé qu'on n'avait pas toujours ce qu'on voulait.

Bernard — Pourtant, c'est ça la vie. La vie, c'est pas : « Au secours au secours je suis tombée amoureuse, aidez-moi à retrouver mon bel inconnu ! » Non, la vie, c'est aussi savoir comment on édite des fiches de paie, la vie c'est des cotisations, c'est du concret, pas des sentiments de midinette à la petite semaine.

Eva — Et pourquoi pas ? Tu devrais t'y mettre, toi aussi, à ressentir les choses, ça te ferait du bien. Et puis ça te rendrait moins con, aussi.

Elle sort.
Silence.

Jérôme — Je vais m'y mettre tout de suite, comme ça fait pas mal de boulot…

Bernard — Oui, oui, Jérôme, mets-y-toi, mets-y-toi.

Bernard reste seul. Il écoute le répondeur de l'entreprise.

Répondeur — Vous avez six nouveaux messages.

« Chère Eva, merci pour ce que tu apportes à mes longues soirées. Je me sens moins seul, ta voix m'emporte. J'aimerais te rencontrer. »

« Je voudrais que Jérôme me chevauche. Il a une voix de taureau et je me demande bien comment est sa… »

« Vite ! Un autre podcast de Porn for the Blind. Je les écoute le matin dans le métro sur le chemin du boulot. Je peux vous dire que je regarde les gens avec un drôle de sourire. »

« Cher Porn Of The Blind, j'ai 16 ans et mon plus grand rêve serait de rencontrer Eva. J'aime sa voix plus que tout, chaque fois que je l'entends ça me fout une énorme… »

« Goal, c'est mon chat persan. Grâce à Muriel, nous avons développé des relations… Comment dire ? Disons que j'ai réalisé que je pouvais lui faire mieux que quelques gratouillis derrière l'oreille. Merci, Porn for the Blind, merci pour tout ça. »

« Bonjour, Eva, c'est un message un peu étrange que je vous envoie. Je m'appelle Thomas, j'ai 35 ans et je suis aveugle. J'ai commencé à écouter vos enregistrements il y a quelques semaines. Comme beaucoup d'autres, j'étais envoûté par votre voix. Mais il y a autre chose : j'ai la sensation que vous me parlez, que vous me prenez à témoin, que vous

m'appelez. Serait-il possible de vous rencontrer? J'imagine que vous recevez tout un tas de lettres de ce genre, alors je ne vais pas vous effrayer plus. Je serai tous les mardis de 15 heures à 18 heures au café de l'Industrie, assis sur la banquette au fond de la pièce, celle qui fait face à la porte d'entrée. Si le cœur vous en dit, venez me rendre visite. »
Voulez-vous sauvegarder ces messages?

BERNARD — Non.

RÉPONDEUR — Message supprimé.

Noir.

HARD-CORE

Eva — Vous êtes bien sur Porn for the Blind avec Eva, et nous allons découvrir ensemble la scène intitulée *Étreintes Citron Chocolat*. Un titre bien mystérieux, mais vous savez bien, chers amis qui m'écoutez, que dans notre domaine nous ne sommes jamais au bout de nos surprises. À vous tous, voyants, non-voyants, non-voyants de la région parisienne, non-voyants de la région parisienne plutôt bien de leur personne, non-voyants de la région parisienne plutôt bien de leur personne se promenant avec des amis qui, eux, voient très bien, non-voyants de la région parisienne plutôt bien de leur personne se promenant avec des amis qui, eux, voient très bien et ayant une propension à toucher les visages des gens, à vous tous, donc, excellente écoute.

Visiblement, peu d'intrigue dans cette scène, puisque nous retrouvons tout un groupe d'amis — oui, à ce point-là d'intimité, admettons qu'ils sont amis — déjà tous déshabillés et déjà très affairés les uns avec les autres. Un, deux, trois, quatre, cinq, six, sept, huit, voilà, si je compte bien, ils sont huit, non, attendez, neuf, il y a une femme qui revient de la cuisine équipée d'un gode-ceinture. Et... C'est ça, finalement la scène porte bien son nom, on peut tout à fait parler d'étreintes. L'ensemble est très animé et il m'est difficile de prendre le temps de bien vous décrire tout ce qu'il se passe parce qu'il y a beaucoup de monde et que la situation est tout de même très confuse. Je vais tenter pour commencer d'être la plus factuelle possible.

Couple numéro 1 : fellation, beaucoup d'allers-retours très rapides, l'homme appuie très fort sur la tête de la femme — quelle idée de faire ça ! Couple numéro 2 : en avance sur couple numéro 1 puisque la femme est à quatre pattes et que l'homme a le pied sur sa tête pendant qu'il la sodomise. Il la sodomise. Il la sodomise. Il la sodomise très très fort là tout de même. Couple numéro 3 fait de même, le type donne de fortes tapes sur la fille, qui a les fesses écarlates. Retour à couple numéro 1, ce n'est plus une fellation là c'est le type qui se sert de sa tête comme d'un genre de fourreau dans lequel il entre et sort très vite. Couple numéro 4 plus la fille avec le gode-ceinture qui pénètre l'homme pendant que lui-même pénètre la fille, mais on est déjà repassé à couples numéros 2 et 3 qui se sont mélangés. Plan rapide sur la tête d'un homme qui crache sur le visage d'une femme. Pourquoi ? Couple 1 qui sont ah non couple 2 et ah d'accord le type du couple 3 est avec les gens du couple 1 et le couple 4 participe un peu à tout ce qui se passe. C'est un genre d'amas de corps, en tout cas on ne s'interdit absolument rien.

Ça y est, c'est le moment de l'éjaculation. Ils se mettent tous en ligne comme de bons petits soldats, les filles s'apprêtent à tout recevoir sur le visage et ouvrent grand la bouche... mais... mais... c'est du... Oui, c'est bien ce qu'il me semblait : ils leur font pipi dans la bouche ! Je ne sais pas si c'est ce que vous attendiez, chers auditeurs — après tout, tous les goûts sont dans la nature et pourquoi pas —, mais j'avoue que je serais curieuse de savoir à quel traumatisme d'enfance se rattache le désir d'uriner sur quelqu'un. En même temps, je commence à comprendre le titre de la scène *Étreintes Citron*, d'accord, mais... *Chocolat* ? Coupez ! Coupez ! Bernard !

SANS LES YEUX

Chez Porn for the Blind, salle de réunion.

EVA — C'est pas beau le porno, c'est pas poétique, ça ressemble plus à de l'abattage qu'à autre chose. Le pire, c'est quand je surprends le regard de la fille qui passe de l'autre côté de la caméra. Là, il doit y avoir un mec à côté du cadreur, je ne sais pas si c'est le réalisateur ou le producteur, en tout cas il y a là un type qui pèse, un type avec un carnet de chèques. Peut-être qu'il fait des grands gestes à la fille pour lui indiquer quoi faire. Avant, tout était sonorisé en post-synchro, les gens pouvaient parler pendant les tournages, maintenant tout le monde la ferme, et la fille est priée d'avoir l'air vraiment contente, de bien simuler. Donc ce type lui intime de sourire, d'avoir l'air pleinement comblée par ces vingt centimètres qui se fraient un chemin dans son corps.

On peut s'y prendre autrement, Bernard. Sans images. Il suffit de fermer les yeux et de laisser le micro ouvert. Qu'est-ce qu'on a fait de notre imaginaire? Les gars, où sont passées vos années branlette, quand vous pouviez faire vos petites affaires en pensant à votre coup de cœur du collège, à votre dernier rêve érotique ou à la force d'évocation d'une page lingerie d'un catalogue La Redoute? Qu'est-ce que c'est que ce monde qui regarde les mêmes orifices, les mêmes positions, qui met tout sur le même pas, même ses fantasmes?

Bernard — Enfin, de tout temps les hommes se sont concentrés sur la même chose…

Eva — Je te laisse finir, mais je dois te dire que quelqu'un qui commence sa phrase par *de tout temps*, c'est déjà très suspect.

Bernard, *ironique* — D'accord, il faut être *moderne*, d'accord, il faut *lâcher prise*, avouer ses fragilités. Ça m'agace, t'as pas idée. Pas vrai, Jérôme ?

Jérôme, *qui ne sait plus trop dans quel camp il se trouve* — Ouais, c'est clair.

Bernard — Mais il n'y a que deux choses qui comptent, qui ont toujours compté : le contenu et le contenant, le vide et le rempli, les fameux vases communicants, le phallus et son réceptacle, le coït.

Eva — Mais c'est tellement limité ! Tellement plombant ! Comment on peut faire avancer les choses si on fait toujours tout pour plaire aux plus médiocres ?

Bernard — Mais, Eva, le monde est comme ça. De tout temps…

Eva — Tu vois ? *De tout temps* ! Tu recommences ! Si tu n'y croyais pas un peu toi-même, tu ne me garderais pas ici, Bernard. Allez, laisse-moi essayer. *(Bernard ne bouge pas.)* Jérôme ? *(Jérôme hésite, mais finit par placer le micro devant Eva. Nouvelle pénombre. Eva ferme les yeux. Elle invente la scène au fil de sa pensée.)*

Il y a un homme. Il entre dans la pièce, il sort sans doute d'un genre de hammam, je ne sais pas, son corps est suant. Peut-être qu'on est dans le futur et que les vestiaires sont mixtes, peut-être qu'il s'est trompé, ou peut-être que c'est elle qui s'est trompée, mais il fait la rencontre d'une femme, nue elle aussi, très plantureuse, ses seins sont très lourds.

Il l'embrasse. Il lui lèche même littéralement la bouche, elle tend la langue elle aussi, c'est troublant comme elle s'abandonne. Ça ne se joue pas à grand-chose, mais son corps semble peser un peu plus lourd dans les bras de l'homme. Elle prend sa main à lui et la fait glisser le long de son ventre, vers son sexe, là où c'est chaud. Maintenant, ils sont seuls au monde et je les regarde, et nous les regardons tous en même temps, un peu gênés, un peu émus aussi, de partager leur désir. Ils ne sont pas fixés sur une pellicule. Ils n'existent pas ailleurs qu'ici, dans vos oreilles. Ils circulent librement dans votre esprit.

Ils se sont étendus sur le sol, elle s'est laissée glisser sur lui et il l'a pénétrée dans le mouvement. Quelque chose de profond, d'ample, presque une danse. Parfois frénétique, parfois presque imperceptible. Alors, ils se toisent, leurs pensées concentrées uniquement vers ce qui se passe là, en bas.

Ses lèvres s'animent. Il murmure quelque chose. C'est si délicat qu'il doit s'approcher du creux de son oreille. Son souffle sur sa peau la transporte encore un peu plus. Il dit « Je t'aime ». Ça lui a échappé. C'est sans calcul. Elle n'a pas besoin de lui répondre tout de suite. Elle n'a pas à lui faire plaisir. Ils vivent l'instant présent tous les deux et c'est beau.

Le tempo des allers et retours s'accélère encore. Les corps commencent à se crisper, ses doigts à elle agrippent ses omoplates, cherchent une planche d'appui avant de faire le grand saut.

Ça y est.

Leurs corps se figent. Leurs respirations se sont coupées. Le temps est suspendu au moment où chacun s'est délesté d'un orgasme.

Ils restent serrés l'un contre l'autre, lui toujours en elle, devenant plus petit au fil des secondes. Ils ont un peu froid, se sentent subitement un peu seuls, alors ils se serrent encore.

Ils se serrent encore !

Compris ?

Ils ne se perdent pas

De vue

Sans s'être jamais

Connus !

Un instant

Se serrer

Juste

Un instant

Juste le temps

D'être sûre.

Que je n'étais pas folle.

Si ça se trouve, il n'a rien du prince charmant. Je veux dire, si ça se trouve, il n'a pas le moindre romantisme en lui, il n'est pas capable d'avoir le début d'une attention pour la personne qu'il aime. Si ça se trouve, il n'est pas capable d'aimer quelqu'un d'autre que lui-même. Il râle dès le matin en écoutant les infos, peut-être qu'il n'est pas généreux, peut-être qu'il n'a pas d'empathie, peut-être même qu'il est raciste.

Et d'abord qu'est-ce que tu foutrais à écouter des descriptions de scènes de cul? T'es obligé de te tirer sur la nouille comme tous les autres? Et puis si tu te tires sur la nouille, pourquoi tu ne m'entends pas? Pourquoi tu ne fais pas attention à moi?

Dépêche-toi. Moi ici je me transforme. J'ai peur que tu arrives enfin et qu'il soit trop tard.

PROMO 3

Musique à tendance orientale, atmosphère de méditation, voix douce.

Publicité — Et si vous lâchiez prise ? Et si vous décidiez de voir avec votre cœur plutôt qu'avec vos yeux ?

Porn for the Blind, le célèbre service d'assistance au plaisir pour les non-voyants, présente désormais son offre pour tous. Apprenez à quitter la crudité de ce que vous voyez derrière votre écran. Faites la connaissance de vos propres sensations et embarquez à bord de nos voyages érotiques.

Vous fantasmez depuis longtemps sur un collègue de bureau ? Vous donneriez beaucoup pour poursuivre encore un peu cet amour de vacances qui n'a jamais abouti ? Confiez-vous à nos conteurs, faites-leur part de vos fantasmes les plus chers, et il se chargeront d'y donner vie. Texture de la peau, odeur, expression du désir, de l'attente, de la jouissance, Porn for the Blind vous fera voyager dans les méandres de votre imaginaire jusqu'aux confins de ce qui, il y a encore une heure, vous paraissait impossible.

Porn for the Blind, attention, oreilles érogènes.

BERNARD AU MICRO

Chez Porn for the Blind. Les bureaux sont vides. Une lumière reste allumée dans une des cabines d'enregistrement. Bernard, seul devant un micro. Il ferme les yeux et commence.

BERNARD — On est dans un vieux *diner* à l'américaine, dans les années cinquante. Plusieurs tables devant une baie vitrée, des serveuses fatiguées vêtues de tabliers et de petits serre-têtes en papier en train de remplir les tasses des clients d'un café filtre dont l'odeur emplit la pièce. Un homme ouvre la porte, ça provoque un genre de grelot sur la cloche de l'entrée. Dans le fond de la salle, un juke-box lance *Only You* des Platters. Non ! Plutôt *I Only Have Eyes for You* des Flamingos.

L'homme s'est figé : à quelques mètres à peine, une femme, brune, mystérieuse, est assise devant une table et le considère. Sa bouche est entrouverte, elle laisse juste passer doucement la fumée de sa cigarette. Ses cheveux ondulent le long de son cou et terminent leur course juste au-dessus de sa poitrine.

L'homme ne la quitte pas des yeux. Il s'approche et s'assoit en face d'elle. Une serveuse passe prendre sa commande, mais Il ne répond rien. Rien n'existe d'autre que cette femme.

Ils se connaissent déjà. Ce sont des retrouvailles. Elle lui dit qu'elle aime ce qu'il dégage, que quelque chose en lui a changé. Qu'il l'impressionne.

À un moment, elle a prononcé le mot *viril*. Elle parlait de lui. Il a tressailli.

L'homme prend la femme par la main. Elle se laisse mener. Elle est curieuse. Déjà ils sont dehors. Ils se dirigent vers sa voiture… Il est contre elle, il lui fait sentir tout son désir. Son sexe, à travers l'étoffe du jean, est très grand ; là encore, ça l'impressionne. Elle ouvre de grands yeux admiratifs, commence à l'entreprendre, desserre sa ceinture, détache le bouton, commence à faire descendre la braguette… Mais non ! Il arrête son bras, peut-être qu'il veut faire ça de façon plus confortable, plus intime, plutôt que là, sur le parking d'un vieux *diner* à la vue de tout le monde. Il cherche les clés dans sa poche, encouragé de façon très pressante par Sylvie… euh… par la femme, ils entrent dans l'habitacle, referment la portière et elle se jette sur lui. Ses yeux le supplient de passer à l'acte, mais non. Maintenant elle va l'écouter. Elle va réaliser le mal qu'elle lui a fait, elle va entendre ce qu'il a traversé, les nuits blanches, l'appétit qui s'en va, qui revient de façon disproportionnée, l'envie de se foutre sous le métro le matin, la blessure narcissique qui ne cicatrise jamais vraiment. Il lui parle longuement, et elle l'écoute avec les yeux emplis de larmes.

Il se met délicatement sur elle. Au début ce n'était pas simple — les voitures, ce n'est pas confortable pour faire l'amour — mais il s'est un peu forcé, il a accepté l'idée que ce qui était excitant ici ce n'était pas l'acte en lui-même mais le goût de l'exceptionnel, l'urgence du désir. Ils se retrouvent. Ce sont deux vieux amants qui reprennent goût l'un à l'autre et, après toutes ces années, leurs corps à nouveau imbriqués l'un dans l'autre, ils font la paix.

(LA FIN DE) L'ENFANCE DE JÉRÔME

Pénombre. Au milieu d'un dortoir endormi, Jérôme, encore enfant, dort. Une porte s'ouvre.

L'ANIMATEUR, *chuchotant* — Jérôme! Jérôme! Réveille-toi.

JÉRÔME — Qu'est-ce qu'il se passe? Il est quelle heure?

L'ANIMATEUR — Chut. Tu pourrais réveiller tous tes petits camarades.

JÉRÔME — Qu'est-ce que tu veux, Jean-Marie?

L'ANIMATEUR — Tu te souviens que je t'avais dit que tu pourrais peut-être dormir avec moi?

JÉRÔME — Oui, je m'en souviens.

L'ANIMATEUR — Eh bien, c'est ce soir que ça se passe.

JÉRÔME — Ce soir? Vraiment?

L'ANIMATEUR — Oui, vraiment. Et puis demain c'est la fin de la classe verte, alors c'est ce soir ou jamais. Ça ne te fait pas plaisir?

JÉRÔME — Si, si, au contraire. Qu'est-ce qu'on va faire?

L'ANIMATEUR — On va se raconter des histoires. Des histoires de grands. T'es un grand, toi, maintenant, bientôt le collège. Tu vas voir, je vais t'apprendre un paquet de trucs très utiles pour plus tard.

JÉRÔME — Ah oui ?

L'ANIMATEUR — On peut annuler si tu veux.

JÉRÔME — Non, non, bien sûr que non.

L'ANIMATEUR — Mais tu dois me promettre que tu ne le diras pas à Mme Poulard, Jérôme. Ni à la maîtresse ni aux copains.

JÉRÔME — Oui, oui, c'est promis.

L'ANIMATEUR — Allez, viens, suis-moi.

Jérôme se lève de son lit et suit l'animateur dans la pénombre.

INCAPABLE

Jérôme, seul.

JÉRÔME — Bernard, excuse-moi de te déranger mais il faut vraiment que je te parle. Voilà Bernard je vais pas pouvoir rester, il y a ma mère qui est malade et elle habite dans le Sud alors c'est pas pratique tu comprends ça va faire cher les allers-retours, non c'est pas ça. Pardonne-moi Bernard, je sais que tu comptais sur moi mais je vais partir, quitter l'entreprise, quitter la ville, trouver une pièce noire avec une prise électrique et une connexion Internet et me branler, me branler jusqu'à ce que mort s'ensuive. Non. Bernard, on peut se parler deux minutes s'il te plaît ? Alors voilà, Bernard, j'ai bien réfléchi, je sais que je suis des toutes premières aventures, mais là les choses ont beaucoup trop changé, je me sens à la traîne. Moi j'aime bien dire ce que je vois, mais s'il faut en plus que je dise ce que je ressens, et puis même que j'imagine, non mais tu le crois ça Bernard, que j'imagine, alors tout va vraiment partir en couilles, je vais finir par vous faire peur parce que j'ai la tête truffée de tellement d'images que vous ne comprendriez même pas. Quoi ? Des enfants ? Non, non, Bernard, évidemment que j'imagine rien avec des enfants, putain évidemment, qu'est-ce que tu crois bordel, mais c'est que si moi je laisse libre cours, libre cours t'entends ça Bernard si je laisse libre cours, c'est pas une idée qui va jaillir, c'est pas trois concepts, c'est un fleuve qui ne va plus s'arrêter de se déverser, un fleuve qui charrie des trucs franchement pas très catholiques, des obsessions. Des chattes, des culs, un putain de fleuve de foutre, tu comprends Bernard ?

(Bernard apparaît dans la pénombre, il s'avance très douce-ment vers Jérôme.)

Ça me fait déjà peur à moi, alors je veux pas que vous soyez témoins de ça, voilà c'est pour ça que je te disais que je me sentais pas capable de suivre la voie que prend l'entreprise et que si vous pouviez donc me laisser partir d'ici et aller m'enterrer quelque part avec ma bite, mes couilles et ma connexion Internet, ce serait sans doute mieux pour tout le monde, quoi qu'est-ce que tu fais Bernard, t'approche pas trop s'il te plaît j'ai déjà un peu les nerfs et moi la proximité non désirée ça peut me rendre violent, vraiment recule putain, recule ou je te colle mon poing dans la gueule, qu'est-ce que t'as à me regarder comme ça, tu te fous de moi mais dis quelque chose putain, dis quelque chose Bernard ou bien je te jure que je vais t'en mettre une, recule bordel, quoi tu vas me prendre dans tes bras là c'est ça, non mais je rêve le vieux cliché du câlin, arrête Bernard, arrête, arrête, arrête, je vais pas tenir, il faut respecter la colère des gens tu sais, arrête arrête arrête.

RETROUVAILLES

Eva est à nouveau seule, dans la lumière tamisée de ce qui pourrait être une cabine d'enregistrement.

EVA — Je ne t'ai pas retrouvé
Ça n'arrivera sans doute jamais.
J'ai laissé quelques messages
Cachés
Subliminaux
J'ai joué au Petit Poucet
Hé toi là-bas
Mon bel aveugle
Je suis là
Je suis la voix
Qui te met dans tous tes états.
J'aurais voulu que tu me répondes
Bonjour
Je passais justement par ici
Bonjour
J'ai écouté un de vos récits
J'ai un peu honte de l'admettre

Mais j'en écoute souvent
Comme tout le monde
J'ai entendu votre voix
Qui semblait m'appeler
Votre voix était celle d'une sirène
Au milieu de ce déferlement de chair
Et d'impudeur
Votre voix était la seule douceur qu'il restait
Dans ce champ de ruines de l'intimité
Alors me voilà.
Mon beau
Mon prince
Tu t'appellerais Antoine ou Sébastien
Ou un nom de prof de sport
Franck, Yannick ou Bruno
Ils s'appellent toujours comme cela
Sans que personne ne sache pourquoi
Nous n'aurions plus besoin
Ni de nos yeux
Ni de nos voix
Nous nous découvririons
À tâtons
Nous ferions la lumière
Sur nous-mêmes.
(Un temps.)
Je ne t'ai pas retrouvé

De toute façon je suis tombée amoureuse

D'un rêve

La version réelle de toi

La version fantasmée

N'ont plus rien à voir

Elles ne se sont même jamais croisées.

Un homme

Quelque part

Une image

Dans ma mémoire

Au moins l'amour

Ne pourra pas s'essouffler.

Bernard et Jérôme entrent en courant.

BERNARD — Eva ! Ça marche ! Tu avais raison ! Les gens nous demandent des choses qui n'existent pas, des choses qui n'ont jamais été tournées. Ils nous demandent d'inventer des histoires ! De parler de cul, avec des gens beaux, parfois, mais aussi avec des très grands, des très gros, des petits avec des très grandes, des pas forts, des pas musclés.

JÉRÔME — Des colossaux.

BERNARD — Des rigolos.

JÉRÔME — Des boursouflés.

Bernard — Des qui soupirent, des qui hésitent, des qui voudraient bien, des qui seraient fous, des qui s'aimeraient pour de vrai. On continue, on fonce !

Eva — Parmi les grandes surprises de ma vie il y a celle d'avoir atterri ici
C'est vrai
Mais chaque matin
Je me souviens
Pourquoi je suis venue ici
Et jusqu'ici
Ça ne fonctionne pas.
Il ne se passe rien de neuf pour moi...

Bernard, *hésitant* — Il y a peut-être quelque chose. Un message que j'ai reçu.

Eva — Un message ?

Bernard — Oui. Un aveugle qui dit qu'il t'attend. Tous les mardis au café de l'Industrie, entre 15 heures et 18 heures.

Eva — Tu l'as reçu... quand ? Ce message ?

Bernard — Il y a quelques jours.

Eva — Mais combien de quelques jours ?

Bernard — Eh bien...

Eva — Bernard, depuis combien de jours exactement as-tu reçu ce message ?

Bernard — Trente jours.

Eva — Un mois ? Ça fait un mois que je me casse le cul, que je tue mon espoir à petit feu sans savoir qu'il y a un type qui pourrait bien être celui que je cherche qui a laissé un message ? Pourquoi t'as fait ça, Bernard ?

Bernard — On venait de se disputer...

Eva — C'est pas une raison. C'est même dégueulasse d'avoir gardé ça pour toi.

Bernard — Si jamais c'est lui, alors tu vas partir, non ? Et moi j'ai besoin de toi, Eva, on a besoin de toi, désespérément besoin de toi, tu réalises pas tout le bien que tu as fait en arrivant ici.

Eva — Le message, Bernard ! Qu'est-ce qu'il disait, ce message ?

Bernard — Il disait : « J'ai l'impression que vous me parlez. Quand je vous écoute, il se passe quelque chose, un air de déjà-vu, j'aimerais vous rencontrer, je serai tous les mardis de 15 heures à 18 heures au café de l'Industrie, sur la banquette au fond de la salle, celle qui fait directement face à la porte. »

Eva — Tu l'as appris par cœur ?

Bernard — Je me disais qu'un jour ce serait utile que tu l'entendes.

Eva — Bernard, quel jour sommes-nous ?

Bernard — Mardi. Mais tu ne vas quand même pas...

Eva — C'est bien trop énorme pour que je n'y aille pas. *(Elle sort. Puis revient.)* Tu imagines bien que je ne reviendrai pas.

Bernard — Je comprends.

Eva — Pour ce que ça vaut... Merci quand même. Pour tout ça. Pour la surprise que c'était.

Jérôme — Merci à toi, Eva.

Eva sort. Bernard et Jérôme se regardent. Une idée survient.

Bernard — Une jeune femme entre dans un café. Elle semble pressée. Un mélange subtil entre la peur et l'excitation. On dirait un enfant le jour de Noël, prêt à jauger la taille de son cadeau. On ne sait pas si dans quelques instants cette fébrilité laissera la place à la déception.

Jérôme — La caméra est passée vers lui, attablé de l'autre côté de la porte. Il faut un peu de temps pour le réaliser, mais il ne la voit pas. Il ne peut pas la voir. Posée précieusement à côté de lui dans le creux de la banquette, il y a une canne blanche. Mais il a senti une présence, senti que l'atmosphère, la température de la pièce avaient changé.

Bernard — C'est elle, il l'attendait. Oui, c'est bien elle, il en est persuadé, ses narines se dilatent, ses poils frémissent, il reconnaît le doux parfum du désir.

Jérôme — Elle. Retour à elle. Recherche frénétique dans le brouhaha du café. Il y a cette silhouette, un peu plus loin, dans le fond de la salle. Il l'a dit : « Je serai tous les mardis, entre 15 heures et 18 heures, sur la banquette qui fait face à l'entrée. » Son cœur se met à battre. Elle s'approche en chancelant.

BERNARD — Il entend ses pas sur le sol. Elle vient vers lui. C'est elle. Enfin. Il se redresse. Passe une main sur ses cheveux. *(Elle s'est arrêtée devant la table. Le considère. Les images de leur rencontre lui parviennent.)* Il est beau ! Il a une expression si douce !

JÉRÔME — Mais ce n'est pas lui.

BERNARD — Mais si, c'est lui. Imagine, imagine que c'est lui.

JÉRÔME — On peut faire ça ?

BERNARD — On peut tout faire, Jérôme. Désormais, tout est possible.

JÉRÔME — D'accord. Elle sourit à cet homme. Son homme. Elle a un petit rire. Et alors lui aussi se met à rire, parce que c'est une des choses les plus belles qu'il ait jamais entendues.

BERNARD — Il l'embrasse.

JÉRÔME — Non, pas tout de suite, Bernard, pas trop vite, s'il te plaît. Ils savent tous les deux que ça va finir par arriver, alors ils prolongent encore cet instant. Cette tension, là, qui précède une première fois, cette électricité dans l'air.

BERNARD — Il ne la voit pas, et pourtant elle sent qu'on ne l'a jamais aussi bien regardée. C'est comme une caresse. Ils se mettent à parler. Des heures et des heures.

JÉRÔME — Ils parlent du temps qui s'est écoulé depuis cette première rencontre. Depuis qu'il a entendu sa voix. Depuis qu'elle a senti sa main sur son visage. De leur vie depuis. De ce qu'ils ont appris de cette longue absence.

BERNARD — Autour d'eux on empile les chaises, on fait les comptes de la journée, on commence à baisser le rideau de fer. Ils ont l'air si bien, si seuls au monde qu'on ose à peine les déranger pour leur dire de partir.

JÉRÔME — Enfin ils se lèvent. Elle lui tend le bras.

BERNARD — Il le saisit.

JÉRÔME — Ils sont bien, là, tout à fait palpables, plus réels que jamais.

BERNARD — Et nous les suivons sur le trottoir de cette rue déserte. Un peu *tanguants*, un peu hilares de leur histoire.

JÉRÔME — Ils passent l'angle de la rue, dans quelques minutes ils seront chez elle ou chez lui, et alors...

BERNARD — Et alors le reste leur appartient.

JÉRÔME — Sûr ?

BERNARD — Sûr. On s'y remet, Jérôme ?

JÉRÔME — On s'y remet.

Noir.

L'AUTEUR

Victorien Robert a commencé par étudier les sciences politiques avant de se lancer dans une carrière de comédien, de metteur en scène et d'auteur. Il a joué dans une vingtaine de spectacles, classiques (*Macbeth* de Shakespeare, *Le Misanthrope* de Molière, *Le Dindon* de Feydeau et *Ruy Blas* de Victor Hugo) ou contemporains (*Froid* de Lars Norén, *Le temps qui rêve* d'Axel Drhey).

En 2011, il met en scène *Italienne Scène* de Jean-François Sivadier, qui remporte la mention spéciale du Jury et le prix du Public lors du Prix Théâtre 13 / Jeunes metteurs en scène. Il a depuis mis en scène *Bérénice* de Racine, ainsi que de fréquentes mises en lecture avec les Écrivains associés du théâtre (EAT).

On l'a vu à la télévision dans la série *Speakerine*, avec Marie Gillain, ainsi que dans *Jugé sans justice* de Lou Jeunet, aux côtés d'Anne Benoît. Il apparaît régulièrement sur France 2 dans la série quotidienne *Un si grand soleil*.

Il prête fréquemment sa voix pour l'enregistrement de livres audio.

 Imprimé à la demande par Books on Demand GmbH, Bad Hersfeld, Allemagne

1re édition, dépôt légal : juin 2024
N° d'édition : 202404
ISBN : 978-2-487668-03-4